MINISTÈRE DE L'INTÉRIEUR

(*Extrait de la* REVUE GÉNÉRALE D'ADMINISTRATION)

DE L'ÉCHANGE

DES

ACTES DE L'ÉTAT CIVIL

ENTRE NATIONS

PAR LA VOIE DIPLOMATIQUE

PAR

E. ROUARD DE CARD

AVOCAT

DOCTEUR EN DROIT

PARIS

BERGER-LEVRAULT ET Cⁱᵉ, LIBRAIRES-ÉDITEURS

5, RUE DES BEAUX-ARTS, 5

MÊME MAISON A NANCY

1879

DE L'ÉCHANGE

DES

ACTES DE L'ÉTAT CIVIL

ENTRE NATIONS

PAR LA VOIE DIPLOMATIQUE

PAR

E. ROUARD DE CARD

AVOCAT

DOCTEUR EN DROIT

PARIS

BERGER-LEVRAULT ET Cie, LIBRAIRES-ÉDITEURS

5, RUE DES BEAUX-ARTS, 5

MÊME MAISON A NANCY

—

1879

DE L'ÉCHANGE

DES ACTES DE L'ÉTAT CIVIL ENTRE NATIONS

PAR LA VOIE DIPLOMATIQUE

———

Chaque individu peut avoir dans la société et dans la famille des qualités diverses auxquelles sont attachés des droits considérables et des devoirs nombreux. L'ensemble de ces qualités constitue l'état civil qui, commençant avec la vie et finissant avec la mort, est susceptible de subir, dans l'intervalle entre ces deux époques extrêmes, de graves modifications. Trois événements : naissance, mariage et décès, exercent une grande influence sur la condition juridique de chaque personne, et, à ce titre, doivent être constatés soigneusement[1]. Des motifs d'intérêt général et de bon ordre commandent d'enregistrer ces faits, qui présentent une importance facile à saisir. D'abord, l'autorité publique doit connaître ceux qui, vivant au sein de l'État, veulent être protégés et sont en retour astreints à certaines obligations. En outre, il importe que chacun ait le moyen d'établir à tout instant sa situation exacte et qu'il puisse, de son côté, traiter avec les tiers en parfaite sécurité. De là la théorie des actes de l'état civil qui se retrouve dans presque toutes les législations des pays modernes et qui, en France, a reçu son entier développement. Le Code civil, en effet, a tracé en cette matière des règles minutieuses ; il s'est préoccupé de la rédaction des actes et de la tenue des registres en prescrivant des formalités très-détaillées[2].

Dans le cours normal des choses, la preuve de l'état civil de chaque personne sera fidèlement conservée et pourra être aisément produite. Grâce à ce système ingénieux, en peu de temps et avec peu de frais,

———

1. Je ne parle pas de la reconnaissance d'un enfant naturel et de l'adoption qui, se rapportant d'une façon intime aux trois événements cités, n'ont pas besoin d'être spécialement indiquées quand il s'agit de définir les actes de l'état civil.

2. On a même songé, dans ces dernières années, à établir des livrets d'état civil.

on pourra connaître tout ce qu'on aura intérêt à savoir. Mais des circonstances accidentelles peuvent troubler les prévisions de la loi et rendre insuffisantes ses dispositions. A notre époque notamment, où les moyens de transport devenus plus rapides et les relations commerciales rendues plus fréquentes augmentent dans une proportion sans cesse croissante le nombre des voyages, combien de nationaux quittent leur patrie et vont s'établir avec leur famille à l'étranger ! Parmi ces Français qui résident dans les diverses contrées du monde, des naissances, des mariages et des décès vont se produire. Le législateur a porté son attention sur ce point et il a organisé pour ces hypothèses un système spécial.

D'après les articles 47 et 48 du Code, les actes de l'état civil concernant des Français qui se trouvent en pays étranger peuvent être reçus soit par les agents diplomatiques ou consulaires français, soit par les autorités étrangères désignées à cet effet[1]. Mais ces actes ainsi dressés en pays étranger, comment seront-ils connus en France? Comment les personnes intéressées vont-elles se procurer les renseignements relatifs à l'état civil d'un Français qui a habité longtemps chez une autre nation? C'est là une question très-grave dont la solution intéresse au plus haut degré le droit public et le droit privé. Qu'il s'agisse, en effet, de l'ouverture ou de l'extinction des droits, de la capacité nécessaire pour contracter, de l'accomplissement des charges légales, il faut toujours consulter l'individualité et l'âge de la personne. Surtout au point de vue du recrutement militaire, il est indispensable que l'état civil de chaque citoyen soit porté à la connaissance de l'autorité. La loi du 27 juillet 1872, en posant le principe du service personnel, a appelé dans les rangs de l'armée active et de la réserve tout Français depuis l'âge de vingt ans jusqu'à celui de quarante ans (art. 3). Dans ce but, elle a enjoint aux maires de dresser chaque année les tableaux de recensement des jeunes gens ayant atteint l'âge de vingt ans révolus et domiciliés dans le canton, d'après les déclarations faites ou d'après les registres de l'état civil (art. 8). Or, si les actes de naissance qui ont été reçus à l'étranger doivent rester cachés à tous les regards, n'est-il pas à craindre qu'un moyen ne soit ainsi offert d'échapper à

---

1. La compétence des agents diplomatiques ou consuls français est-elle restreinte aux actes qui concernent uniquement leurs nationaux? C'est une question vivement discutée en théorie et en pratique. L'affirmative prévaut en jurisprudence. Voyez Dev. 1870, II, 178.

des charges souvent fort lourdes ? La pratique a révélé de fâcheux abus qu'une législation bien faite ne peut tolérer. Des femmes voulant soustraire leurs enfants aux exigences de la loi militaire vont faire leurs couches dans les États voisins de nos frontières et font constater les naissances suivant les formes usitées dans le pays. Dès lors, on comprend que l'inscription d'un grand nombre de Français sur les listes des contingents annuels devient très-difficile ou pour mieux dire impossible.

Pour éviter tous ces inconvénients et pour déjouer toutes ces fraudes, il faut que les agents qui, hors de France, ont reçu les actes de l'état civil concernant nos nationaux, soient tenus d'en donner communication à l'Administration française. Mais comment pourra-t-on obtenir un résultat si désirable ? Par quels procédés va-t-on assurer la transmission régulière de documents si précieux ? C'est là un problème qui, dans la pratique, s'est présenté avec de grandes complications et qui n'a été résolu définitivement qu'après de longs tâtonnements. Je me propose dans cette courte étude d'indiquer les différentes étapes qui ont été parcourues. J'examinerai successivement quelle fut la théorie du Code civil et quels progrès ont été ensuite accomplis dans cette voie.

I.

Système du Code civil sur la transmission des actes de l'état civil dressés à l'étranger et concernant des Français.

Le législateur de 1804 avait tracé les règles à suivre pour la rédaction des actes de l'état civil des Français en pays étranger, mais il avait laissé dans son œuvre une lacune considérable. Il n'offrait, en effet, au public que des moyens très-imparfaits pour apprendre des événements qui s'étaient accomplis au loin. S'agissait-il de naissances ou de décès, ces faits si importants au point de vue juridique ne pouvaient être connus en France, car ils n'étaient pas relatés sur les registres de l'état civil.

Lors des travaux préparatoires, cette imperfection de la loi avait frappé l'esprit de quelques jurisconsultes. Sur l'article 13 du projet (art. 47). M. Tronchet avait proposé d'ajouter la disposition suivante : « Les actes faits en pays étranger seront reportés sur les registres « tenus en France. » Il s'appuyait sur cette considération que ces registres devaient contenir tout ce qui concernait l'état civil des Français. M. Bigot-Préameneu, s'associant à cette pensée, demanda « si « l'omission de cette formalité opérerait nullité de l'acte. » A cela, M. Tronchet répondit négativement, mais il insista sur l'utilité qu'il y avait à prescrire la transcription. L'idée semblait être favorablement accueillie, lorsque M. Berlier fit observer « qu'il serait toujours impos- « sible de reporter l'acte à sa date sur les registres. » Devant cette objection, qui ne supprimait pas l'avantage de la transcription, M. Tron- chet retira son amendement. Ces débats nous expliquent le silence du Code relativement aux actes de naissance et de décès[1].

Quant au mariage célébré en pays étranger, on a essayé par certaines formalités d'en révéler l'existence en France. Sans parler des publica- tions qui, d'après l'article 170, doivent être faites dans les communes où les parties contractantes ont leur domicile[2], je veux insister ici sur la transcription. Aux termes de l'article 171 : « Dans les trois mois « après le retour des Français sur le territoire du royaume, l'acte de « célébration du mariage contracté en pays étranger sera transcrit sur « le registre public des mariages du lieu de son domicile. » La portée exacte de cette disposition a fait naître dans le monde théorique et pratique d'ardentes controverses. On s'est demandé quelle était la consé- quence du défaut de transcription dans le délai prescrit. Suivant l'opi- nion généralement admise, l'omission de cette formalité ne saurait en- traîner par elle-même la nullité de l'union célébrée en pays étranger[3]. Mais alors quelle va être la sanction ? Sur ce point éclatent les diver- gences des auteurs. Les uns, se montrant très-rigoureux, décident que « dans ce cas le mariage, n'étant pas légalement connu en France, « n'aura aucun effet civil à l'égard des Français ou des biens situés en « France[4]. » D'autres, comprenant que cette opinion est trop sévère, ont proposé de distinguer « entre les effets que le mariage ne produit « qu'à raison de la publicité dont la loi le suppose entouré et les « effets civils, qui sont moins le résultat de la publicité du mariage « que du mariage lui-même[5]. » La jurisprudence, appliquant cette idée, a reconnu que les époux n'étaient admis à invoquer les effets

1. Fenet, *Travaux préparatoires du Code civil*, t. VIII, p. 18.
2. Il s'agit ici du domicile quant au mariage. Voyez Cod. civ., art. 166, 167.
3. Demolombe, *Code Napoléon*, t. III, p. 337. — Aubry et Rau, *Cours de Code civil*, t. V, p. 126.
4. Delvincourt, I, p. 68.
5. Zacharie, III, p. 315, 316.

civils attachés à la publicité légale du mariage qu'à partir de la transcription de l'acte de célébration [1].

Suivant moi, la disposition de l'article 171 est une mesure purement réglementaire dont l'inobservation ne peut avoir pour résultat de priver les époux ou leurs enfants d'un effet quelconque du mariage. Il est manifeste que la loi, en édictant cette formalité, a eu en vue non point l'intérêt des tiers, mais l'intérêt des époux. En examinant les textes du Code et en parcourant les procès-verbaux des séances du Conseil d'État, on reste convaincu que le législateur a posé une règle dépourvue de toute sanction. Le projet primitif prescrivait d'abord l'enregistrement à peine d'un double droit de l'acte de célébration du mariage contracté en pays étranger, puis il ajoutait : « Cet acte doit être encore dans le « même délai reporté et transcrit sur le registre public des mariages « du lieu de son domicile, sous peine, à défaut de ce report, d'une « amende qui ne pourra être moindre de 100 fr., ni excéder 1,000 fr. » Dans la rédaction définitive, l'amende qui assurait la transcription disparut avec la formalité de l'enregistrement. Aussi, à propos de l'article 9 (art. 171 C. civ.), une discussion s'engagea entre les conseillers d'État. M. Defermon demanda « pourquoi l'exécution de cet article n'était pas « assurée par une disposition pénale ». M. Réal répondit que « cette « disposition pénale n'appartenait pas au Code civil et que sa place « naturelle était dans les lois sur l'enregistrement où déjà elle se trou- « vait. » M. Tronchet, à son tour, déclara que, « suivant lui, la peine « devait être une amende, indépendamment du double droit » [2]. Après cet échange d'observations un peu confuses, le texte de l'article 171 fut adopté sans modification. La conclusion à tirer de ces travaux préparatoires se présente naturellement à l'esprit. La peine du double droit annoncée avec assurance par M. Réal n'étant écrite nulle part, on doit admettre sans hésiter l'absence de sanction. Toutefois, si les parties n'ont pas respecté le vœu de la loi, elles trouveront une juste punition dans les difficultés, les lenteurs et les frais qu'entraînera fatalement la preuve du mariage, en l'absence d'une transcription régulière de l'acte sur les registres français. Les époux n'ayant plus un moyen prompt et facile d'établir leur état, subiront les conséquences de leur négligence coupable. L'article 171 conserve, du reste, un effet impor-

---

1. En ce sens, Montpellier, 3 juin 1830, Sir. 31, II, 151. — En sens opposé, Cass. 23 nov. 1840, Sir. 40, I, 929.

2. Fenet, *Travaux préparatoires du Code*, t. IX, p. 37.

tant, car il impose à l'officier de l'état civil français l'obligation d'accueillir les demandes des parties qui, présentant l'acte de mariage, réclament la transcription. Je remarque en passant qu'après l'expiration des trois mois, le maire ou son délégué ne doit accomplir la formalité de l'article 171 qu'en vertu d'un jugement de rectification [1].

Quelques mesures postérieures vinrent corriger un peu l'imprévoyance du Code civil. Une circulaire du ministre des affaires étrangères du 8 août 1814 prescrivit à nos agents diplomatiques de faire parvenir en France les actes de l'état civil par eux dressés [2]. Confirmant ces instructions, l'ordonnance du 23 octobre 1833 indiquait aux consuls les règles à suivre pour l'inscription de ces actes de l'état civil sur les registres, et elle ajoutait : « Une expédition en sera en même « temps dressée et immédiatement transmise à notre ministre des « affaires étrangères » (art. 2) [3]. Pour assurer la conservation de la preuve d'une façon encore plus certaine, l'article 9 portait : « Le « 1er janvier de chaque année, les consuls arrêteront, par procès-ver- « bal, les doubles registres des actes de l'état civil de l'année précé- « dente. L'un de ces doubles restera déposé à la chancellerie et l'autre « sera expédié dans le mois, si faire se peut, à notre ministre des « affaires étrangères. Si les consuls n'ont rédigé aucun acte, ils en « dresseront certificat qu'ils transmettront de même à ce ministre. » Ces dispositions nouvelles étaient utiles non-seulement pour les naissances et les décès, mais aussi pour les mariages, car la transcription n'était exigée par l'article 171 que dans le cas où le Français s'était marié devant un officier public étranger et suivant les formes usitées dans le pays [4].

Malgré ces correctifs, de graves imperfections subsistaient encore dans notre loi. Il suffit de grouper les décisions du Code pour comprendre combien elles répondaient mal aux besoins de la vie pratique.

D'abord, aucune publicité n'était donnée en France aux naissances et aux décès constatés à l'étranger dans les formes du pays.

---

1. Toute rectification nécessite l'autorisation de la justice. Voyez la lettre du grand juge du 5 germinal an XII, rapportée par Merlin, *Répertoire*, v° *Mariage*, section III, § 1, n° 3, p. 579 et 580.

2. Voyez Hutteau d'Origny, ch. v, t. III.

3. La transcription a lieu en France sur les registres de la commune d'origine des Français établis en pays étrangers.

4. Cette décision, critiquée par quelques auteurs, résulte avec évidence de la place de l'article 171 qui fait suite à l'article 170 relatif à cette hypothèse. Demolombe, III, p. 335.

En second lieu, la transcription ordonnée pour les mariages était fort imparfaite, puisqu'elle était requise seulement lors du retour des Français et que, dans toutes les hypothèses, elle restait dépourvue de sanction. Il était donc nécessaire de trouver une combinaison plus conforme aux mœurs actuelles.

II.

Système de l'échange des actes de l'état civil par la voie diplomatique.

Avec le temps on a compris que le devoir d'assistance mutuelle entre les divers États pouvait, s'il était largement appliqué, améliorer la condition de chaque peuple. Il appartenait donc au droit international de faire disparaître des obstacles réputés insurmontables et de donner une solution aux plus difficiles problèmes. Ces idées, qui, aujourd'hui, sont universellement adoptées, devaient exercer sur notre question une influence salutaire.

On s'aperçut dans ces dernières années que, grâce aux relations internationales, les lacunes du Code, signalées dans ce travail, pourraient être heureusement comblées. Il s'agissait d'assurer la transmission diplomatique des actes dressés en pays étranger et leur reproduction en France sur les registres de l'état civil. Déjà des circulaires ministérielles avaient accompli un premier pas dans ce sens. D'après leurs dispositions, les actes de l'état civil reçus en France devaient, lorsqu'ils concernaient des étrangers, être envoyés d'office et sur papier libre au ministère des affaires étrangères pour être expédiés aux autorités du pays d'origine [1].

L'Administration française faisait en cela acte de courtoisie; elle espérait dans un intérêt général que sa conduite serait imitée par les autres nations. Mais ce procédé, inspiré par de louables sentiments, n'avait qu'une valeur assez restreinte puisqu'il n'établissait pas entre les divers États un lien véritable d'obligation. Tout reposait sur la délicatesse et la complaisance des gouvernements étrangers; dès lors le système avait une base trop fragile. Des traités régulièrement conclus pouvaient seuls donner une sécurité complète et amener des transmissions périodiques.

---

1. Ces instructions ministérielles du 26 janvier 1836, 20 mars 1855, 11 mai 1864, ont trait à la transmission des actes de décès de tous les étrangers morts en France.

Une première convention fut dans ce but signée à Rome, le 13 janvier 1875, entre la France et l'Italie. Les gouvernements s'engageaient à se communiquer réciproquement les actes intéressant l'état civil de leurs nationaux respectifs à dater du 1er janvier 1875 [1]. Pour assurer l'exécution de ce traité, le ministre de la justice envoya, le 11 mai 1875, une circulaire aux procureurs généraux. Dans ces instructions, il insistait sur l'importance de l'innovation : « Je n'ai point à vous « rappeler, écrivait-il, l'utilité qu'offre cette prescription (art. 2, « ordonnance du 23 octobre 1833), tant pour la sauvegarde des droits « des intéressés qu'au point de vue spécial du recrutement. La loi du « 27 juillet 1872, en décrétant que tout Français devra désormais le « service militaire personnel, a donné à ces transmissions une impor- « tance plus sérieuse encore. Aussi a-t-il paru désirable que la trans- « cription s'étendît, non-seulement aux actes reçus par nos agents, « mais encore aux actes émanant des autorités étrangères. Pour arriver « à ce résultat, M. le ministre des affaires étrangères, après entente « préalable avec mon département et celui de l'intérieur, a bien voulu « adresser à divers États des ouvertures relatives à la transmission « réciproque et gratuite, par voie diplomatique, d'extraits des actes « dûment légalisés. » Il annonçait aussi par cette circulaire que des négociations étaient ouvertes avec d'autres pays et qu'on pouvait espérer pour une époque voisine la conclusion de plusieurs traités.

Le ministre de l'intérieur, de son côté, indiquait aux préfets, le 30 juin 1875, les obligations que le nouveau système imposait aux autorités administratives. Il signalait en même temps le danger d'une confusion qu'auraient pu entraîner les instructions envoyées par ses prédécesseurs relativement à la transmission des actes de décès des étrangers reçus en France [2].

Les prévisions de M. le garde des sceaux ne tardèrent pas à se réaliser. Par une déclaration [3], signée à Paris le 14 juin 1875, la France et le grand-duché de Luxembourg promettaient de se délivrer réciproquement des expéditions dûment légalisées des actes de naissance, de mariage et de décès concernant leurs ressortissants respectifs à dater du 1er juillet 1875. Une circulaire du 7 octobre suivant, rédigée par le

---

1. *Journal officiel* du 23 février 1875.
2. Nous avons parlé déjà de ces circulaires.
3. *Journal officiel* du 19 juin 1875.

ministère de l'intérieur, invitait les préfets à se conformer aux indications déjà données [1].

La Belgique, reconnaissant les avantages de l'échange par la voie diplomatique, accepta, le 25 août 1876, les propositions de la France relativement à la communication réciproque des actes de l'état civil [2]. Ce traité, qui à deux points de vue dépassait, comme nous le verrons, les limites des conventions de même nature, devait recevoir exécution à partir du 1er octobre 1876. Dans la circulaire du 16 du même mois, le ministre de l'intérieur, sans entrer dans de nouveaux détails sur l'application, mettait en relief les particularités que présentait la déclaration signée à Bruxelles.

Tels sont, à ma connaissance, les trois seuls arrangements intervenus sur cette matière entre la France et les États voisins [3]. Un moment, on avait pu croire que la Suisse donnerait son adhésion à une entreprise dont le but était de maintenir le bon ordre au sein de chaque nation ; mais des obstacles inattendus ont interrompu subitement le cours des négociations. Le Conseil national, dans la séance du 21 décembre 1875, n'a pas voulu ratifier la déclaration signée le 1er décembre de la même année. Quel a été le motif de cette décision regrettable ? Les députés des circonscriptions frontières et notamment de Genève ont prétendu qu'ils ne pouvaient admettre la communication des actes de naissance des Français nés sur le territoire des cantons, aussi longtemps que le gouvernement français persisterait à revendiquer comme nationaux et à soumettre aux obligations du service militaire les enfants mâles nés en Suisse de parents français avant la naturalisation de leur père dans ce pays.

Le président de la Confédération helvétique, en faisant connaître le refus à notre ambassadeur de Berne, affirmait que cette considération

---

1. Je dois, pour être complet, rappeler ici les circulaires du 24 décembre 1875 et du 28 juin 1876 adressées aux préfets, qui réglaient des points spéciaux, par exemple : les délais accordés pour l'envoi des actes, les bordereaux en double expédition rédigés par les préfets, les mentions relatives au lieu d'origine et au dernier domicile des étrangers.

2. *Journal officiel* du 30 septembre 1875.

3. Divers traités relatifs au même objet ont lié entre eux plusieurs gouvernements. La plus ancienne convention de ce genre est celle du 15 mai 1861, revisée le 28 mai 1873, entre la Suisse et la Bavière à propos des actes de naissance. Je citerai encore : la déclaration sur la communication réciproque des actes de décès conclue le 19 mars 1870 entre la Suisse et la Belgique, puis celles plus générales entre la Suisse et l'Autriche-Hongrie (7 décembre 1875) et entre la Belgique et l'Italie (17 juillet 1876).

avait seule dominé dans les débats et soulevé cette opposition ; il ajoutait que le traité serait soumis par le Pouvoir exécutif à l'Assemblée fédérale et aurait chance d'être approuvé, dès que la France ferait droit à ces réclamations.

Les griefs exposés par les représentants de la Suisse peuvent causer un certain étonnement, car ils tendent à méconnaître le principe fondamental de l'indépendance des États. Comment admettre, en effet, que le gouvernement français, pour donner satisfaction aux intérêts plus ou moins sérieux d'une nation voisine, soit obligé de modifier une attitude qui est conforme à notre loi interne et aux véritables principes du droit ? Lorsqu'un Français, par caprice ou même pour de bons motifs, se fait naturaliser en pays étranger, la résolution par lui prise ne peut produire que des effets individuels et dès lors ses enfants mineurs, quoique nés sur le territoire de ce pays, ne sauraient être traités comme étrangers. Cette solution est fort logique. Comme le dit avec raison M. Demolombe : « La nationalité est une qualité personnelle, « une partie essentielle de l'état des enfants ; c'est la loi qui la leur « confère, et elle n'attribue à aucun représentant le pouvoir de l'alié- « ner en leur nom. Ce n'est donc qu'à leur majorité et par une mani- « festation libre et personnelle de leur volonté qu'ils peuvent eux- « mêmes l'abdiquer[1]. » Cette doctrine, que la justice et l'humanité imposent, est confirmée implicitement par l'article 2 de la loi du 7 février 1851 qui, reconnaissant à la naturalisation un caractère purement individuel, admet les enfants mineurs de l'étranger naturalisé à réclamer après leur majorité la qualité de Français par application de l'article 9 du Code civil[2]. Ainsi les enfants nés en Suisse de parents français avant la naturalisation de leur père gardent la nationalité française et dès lors doivent subir les charges militaires. La condition mise par la Suisse à la ratification du traité ne saurait se réaliser dans l'avenir, car toute concession faite sur ce terrain par le gouvernement français équivaudrait à l'abandon de l'une de ses prérogatives essentielles. Il ne reste donc qu'à déplorer l'impossibilité de poser les bases d'un accord si désirable[3].

---

1. DEMOLOMBE, *Code Napoléon*, I, p. 215.

2. La jurisprudence parait fixée en ce sens. Voyez : Paris, 23 juin 1859. — Dev., 1860, II, 261. Cass. 5 mai 1862. Dev. 1862, I, 657. Les enfants majeurs lors de la naturalisation de leur père restent Français ; sur ce point aucun doute n'est possible.

3. J'indique ici un projet de convention, signé par M. Waddington et M. le doc-

Il y a lieu également de signaler avec regret l'absence de toute convention entre la France et l'Empire allemand quant à la transmission des actes de l'état civil qui intéressent spécialement les Alsaciens-Lorrains. Le traité définitif de paix signé en 1871 et les actes additionnels ne contiennent aucune clause qui permette de trancher les difficultés soulevées par la pratique[1]. Aussi, en 1877, le docteur Fristo voulut attirer l'attention des Chambres françaises sur ce grave sujet. Dans une pétition, il exposait que les Alsaciens-Lorrains ayant opté pour la nationalité française étaient restés tributaires de l'Allemagne en ce qui concernait les actes de l'état civil. Il protestait contre ce fâcheux état de choses et priait la Chambre de prendre la décision suivante : « Les Alsaciens-Lorrains qui ont opté pour la nationalité « française sont autorisés à déposer à la mairie de la commune où ils « font élection de domicile, les extraits authentiques des actes de l'état « civil délivrés avant l'annexion dont ils sont détenteurs pour en « demander des extraits toutes les fois que besoin sera. » La commission chargée d'examiner cette proposition a reconnu la réalité des inconvénients signalés, mais elle a simplement demandé le renvoi au ministre de l'intérieur[2]. Depuis lors, la question semble avoir été oubliée, car aucune décision n'a été prise par l'Administration, et de plus, aucune tentative de négociations n'est parvenue à ma connaissance.

Après cet aperçu historique, il me reste à étudier les stipulations principales contenues dans les divers traités en les groupant sous quelques idées générales.

I. — Objet principal de ces conventions. — Afin de faciliter l'application des principes du droit public ou privé, les parties contractantes s'engagent à se communiquer réciproquement, à des époques déterminées (d'ordinaire tous les six mois), les actes intéressant leurs ressortissants respectifs. Ces engagements reposent sur l'idée d'une assistance mutuelle qui, dans un intérêt supérieur, doit unir toutes les

---

teur de Kern, qui sera soumis à la sanction des Chambres françaises dans un bref délai. Ce règlement, qui reconnaît l'idée fondamentale de notre législation, doit mettre fin à toutes difficultés par un système d'option réservée aux intéressés.

1. Une question fort intéressante a été étudiée à ce propos dans la *Revue générale d'administration*, 1878, I, p. 278.

2. *Officiel* du 23 juin 1877.

nations. Les expéditions des actes, rédigées suivant les formes propres à chaque pays, sont transmises par la voie diplomatique après avoir été dûment légalisées.

Le service que les deux États se rendent l'un à l'autre est gratuit. Les traités portent formellement : « La communication aura lieu sans « frais. » On a pensé que les envois faits de chaque côté seraient en général de même importance. La solution est du reste excellente, car elle évite la nécessité d'un règlement de compte qui aurait pu soulever des difficultés et amener des froissements.

On a pensé aussi que la traduction des actes expédiés pourrait faciliter beaucoup la tâche des autorités administratives. C'est ainsi que la déclaration signée entre la France et le grand-duché de Luxembourg contient la clause suivante : « Les actes dressés dans le Grand- « Duché en langue allemande seront accompagnés d'une traduction « française dûment certifiée par l'officier de l'état civil. »

II. — Étendue d'application de ces conventions. — Nous devons examiner à quelles personnes et à quels actes de l'état civil s'applique la transmission.

1° *Des personnes comprises dans ces conventions.* — Les déclarations commencent d'ordinaire par la formule suivante : « Les gouvernements désirant assurer la communication des actes qui intéressent leurs *ressortissants respectifs* [1]. » Que faut-il entendre par ces mots ? Les ressortissants sont les individus qui se rattachent par un lien juridique à tel ou tel État. La nationalité est le rapport qui unit chacun de nous à un pays déterminé. Cette relation est fixée et réglementée par le droit interne de chaque nation, qui est maîtresse de choisir ceux qu'elle admet dans son sein [2]. Dans les législations modernes on distingue avec soin la nationalité d'origine et la nationalité acquise. La première est établie tantôt par le lieu de la naissance et tantôt par la filiation. La seconde résulte de certains événements qui viennent après coup modifier la qualité primitive [3].

---

1. On trouve dans les circulaires ministérielles les mots « nationaux ou sujets » qui sont synonymes de ressortissants. Voyez la circulaire du ministre de l'intérieur du 24 décembre 1875. Je repousse comme peu précises et peu claires les expressions « originaires ou citoyens de tel État » qui se rencontrent dans la correspondance administrative et qui peuvent faire naître des controverses.

2. *Droit international* codifié par M. Bluntschli, n° 364.

3. Divers États européens, notamment la France, l'Italie, la Belgique le grand-

Les questions qui peuvent s'élever relativement à la nationalité d'un individu sont fort complexes et fort délicates : elles nécessitent un examen approfondi des faits et la connaissance des lois étrangères. Les agents de l'administration ne pouvaient être appelés à trancher, à propos de la communication des actes de l'état civil, des problèmes qui présentent une si grande importance à tous les points de vue. Aussi les gouvernements ont eu soin d'insérer dans les traités une restriction fort prudente : « Il est expressément entendu, ont-ils dit, que la « délivrance ou l'acceptation desdites expéditions ne préjugera pas « les questions de nationalité. » Développant cette idée, M. le ministre de l'intérieur écrivait aux préfets le 30 juin 1875 : « Les contestations « qui s'élèveraient à cet égard restent dans la compétence exclusive « des tribunaux civils. » Les autorités administratives ont donc une mission nettement délimitée : lorsqu'elles voudront appliquer les conventions diplomatiques, elles verront, d'après les déclarations et les renseignements, si les actes concernent les nationaux de l'autre État. Quelle que soit leur décision sur ce point, l'intéressé conserve toujours la faculté d'indiquer devant les juridictions compétentes la nation à laquelle il prétend appartenir. Je prends un exemple qui fera mieux saisir la règle que je viens de poser : Un individu né en France de parents belges se marie à Paris ; une expédition de l'acte de mariage dûment légalisée est envoyée au bourgmestre de la ville de Bruxelles où habite sa famille. Malgré l'envoi de cette pièce, celui que concerne l'acte peut dans la suite soutenir qu'ayant fait la déclaration prescrite par l'article 9 du Code civil dans l'année de sa majorité, il doit être considéré comme Français.

La convention signée entre la France et la Belgique contient une disposition qui ne se retrouve pas dans les autres traités. Après avoir réglé la communication des actes relatifs aux ressortissants de chaque État, elle porte dans son article 2 : « La transmission des actes de décès « s'étendra en outre aux personnes mortes en France et qui étaient « nées ou qui avaient, d'après les renseignements fournis aux autori-

---

duché de Luxembourg, font dériver la nationalité de la filiation. Toutefois ils admettent un tempérament emprunté au système territorial, car ils donnent à celui qui est né sur leur territoire le moyen de devenir sujet à l'aide de formalités plus simples que celles auxquelles les autres étrangers sont tenus de se conformer. Consultez : *La Nationalité au point de vue des rapports internationaux,* par M. Cogordan.

« tés locales, leur domicile en Belgique [1]. » Cette modification s'explique par des considérations tirées de la pratique. Les voyages d'un pays dans l'autre étant très-fréquents, on a cru nécessaire de faciliter pour le public la connaissance d'événements qui ne doivent pas rester ignorés.

2° Des actes de l'état civil compris dans ces conventions. — Dans tous ces arrangements diplomatiques, les deux gouvernements s'engagent à se soumettre réciproquement des expéditions dûment légalisées des actes de naissance, de mariage et de décès. Ainsi les trois événements qui déterminent surtout l'état civil de chaque personne sont seuls visés [2]. Mais à ce point de vue encore la déclaration signée avec la Belgique renferme une innovation, car elle s'occupé des actes de reconnaissance qui devront être transmis dans certains cas. L'article 3 est ainsi conçu : « Les officiers de l'état civil en France et en « Belgique se donneront mutuellement avis par la voie diplomatique des « reconnaissances et légitimations d'enfants naturels, inscrits dans les « actes de mariage [3]. » Cette extension qui est très-utile doit toutefois être maintenue dans ses limites véritables. La communication n'a lieu que pour les reconnaissances constatées par les officiers de l'état civil soit dans l'acte de naissance de l'enfant naturel, soit dans un acte séparé et postérieur, soit enfin dans l'acte de célébration du mariage des père et mère. D'après le Code civil qui s'exprime en termes fort larges dans l'article 334, les notaires, les juges de paix, les tribunaux pourraient recevoir les aveux des père et mère ; mais en pareille hypothèse il n'y aurait pas lieu de procéder à l'échange diplomatique des actes.

III. — DES OBLIGATIONS IMPOSÉES AUX AUTORITÉS ADMINISTRATIVES PAR CES CONVENTIONS. — Les expéditions des actes de l'état civil concernant les étrangers et reçus dans les mairies de France sont envoyées par l'intermédiaire des sous-préfets et préfets au ministère de l'intérieur, qui les transmet à son tour au ministère des affaires étrangères pour les faire distribuer entre les légations des divers États. Le même

---

1. Voyez sur ce point la circulaire du ministre de l'intérieur du 16 octobre 1876.

2. La circulaire du 30 juin 1875, relative à l'application du traité conclu avec l'Italie, parle à tort des actes de reconnaissance.

3. Je note que, suivant l'opinion générale, dès qu'il y a eu reconnaissance, la légitimation sous l'empire du Code civil s'opère de plein droit par le seul fait du mariage sans déclaration expresse des parents dans l'acte de mariage. DEMOLOMBE, t. V, p. 368

mode de transmission est employé à l'égard des actes qui intéressent des Français et qui ont été dressés à l'étranger. On voit par là que certaines obligations sont mises à la charge des agents de l'administration. Je veux dire quelques mots sur le fonctionnement du système en France.

1° *Obligations imposées aux ministres.* — Les ministres de la justice, de l'intérieur et des affaires étrangères surveillent chacun dans la limite de leurs attributions l'exécution de ces conventions. Par des circulaires ils indiquent la mission de chaque délégué du pouvoir central, règlent la forme et l'époque des envois, en un mot, assurent la communication complète et exacte des actes de l'état civil entre la France et les autres nations.

2° *Obligations imposées aux préfets et aux sous-préfets.* — Les préfets et les sous-préfets sont chargés de faire parvenir des mairies de France au ministère de l'intérieur et *vice versâ* les expéditions d'actes intéressant soit les étrangers, soit les Français. Pour rendre plus commode le travail de vérification, ils réunissent les copies des actes de l'état civil envoyées par les maires du département, les classent par communes et arrondissements, puis les expédient avec un bordereau en double exemplaire à la direction de l'administration communale et départementale (1re division, 1er bureau). D'après le modèle annexé à la circulaire ministérielle du 24 décembre 1875, le bordereau doit contenir: l'indication des communes où les actes ont été reçus, la nature et la date de ces actes, les noms et prénoms des parties, le lieu d'origine. Le ministre a insisté sur la nécessité de mentionner autant que possible pour les actes de décès le lieu de naissance ou le dernier domicile à l'étranger de la personne décédée.

3° *Obligations imposées aux officiers de l'état civil.* — Les expéditions des actes de l'état civil concernant les étrangers et reçus en France sont dressées par les maires et dirigées sur la sous-préfecture[1].

Les actes qui intéressent des Français et qui ont été communiqués par la voie diplomatique sont transcrits soit au lieu d'origine, soit dans certaines mairies spécialement déterminées suivant des distinctions,

---

1. D'après la circulaire du 30 juin 1875, toutes ces copies sont dispensées de la formalité du timbre conformément à l'article 16, n° 1, de la loi du 13 brumaire an VIII. Elles ne peuvent également donner lieu au paiement d'aucun droit d'expédition. Elles sont légalisées non par le président du tribunal civil, mais par le préfet ou le sous-préfet. Enfin, elles doivent contenir la mention du lieu d'origine ou du dernier domicile de l'intéressé. (Circulaire du 28 juin 1876.)

toutes les fois que les communes d'attache ne pourront être connues ou révélées [1]. Ici se présente une difficulté. Sous l'empire de la législation actuelle, les actes de naissance et de décès relatifs à nos nationaux et dressés à l'étranger doivent-ils être transcrits sur les registres des mairies par les officiers de l'état civil français ? En un mot, y a-t-il à ce point de vue une véritable obligation ? Cette question qui, par sa solution, pouvait entraver l'application des traités, a fortement préoccupé le cabinet belge au cours des négociations entamées avec la France.

Quelques auteurs ont prétendu que la transcription était un devoir auquel les maires ne pouvaient se soustraire. Aussi dans le répertoire de Dalloz nous trouvons écrites les lignes suivantes : « Les actes de l'état « civil passés à l'étranger soit devant les autorités locales, soit devant « les agents diplomatiques français n'ont pas besoin d'être transcrits « pour pouvoir être valablement employés en France ; mais leur trans- « cription est une précaution utile et légale, elle assure leur conserva- « tion et leur publicité, l'officier de l'état civil ne doit pas s'y refuser [2]. »

Le ministre de l'intérieur, dans la réponse qu'il donnait le 21 mai 1875 à propos d'une consultation du ministre des affaires étrangères, semblait partager cette manière de voir. Après avoir cité la doctrine de certains jurisconsultes, il déclarait que de simples injonctions ministérielles suffiraient pour rendre la transcription des actes obligatoires, attendu que les maires étaient *essentiellement* des agents de l'autorité et relevaient directement du Gouvernement [3].

Suivant moi, cette doctrine doit être repoussée. Sans vouloir reproduire la discussion qui s'éleva au Conseil d'État dans la séance du 24 août 1801, je fais remarquer que les réponses de MM. Bigot-Préameneu et Berlier ne peuvent laisser aucun doute sur la pensée du législateur. Du reste, la loi est formelle dans son texte, car elle n'exige la transcription que pour les actes de mariage des Français reçus à l'étranger (art. 171), gardant un silence significatif pour les actes de naissance et de décès.

---

1. Circulaire du 11 mai 1875.

2. *Répertoire* de DALLOZ, v° *Actes*, n° 350. Voyez aussi dans le même sens RIEFF, *Commentaire de la loi sur les actes de l'état civil.*

3. Cette remarque était juste sous l'empire de la loi du 20 janvier 1874 qui donnait au pouvoir exécutif le droit de nommer les maires dans toutes les communes de France, même en dehors du conseil municipal ; elle ne serait plus aussi exacte depuis que la loi du 12 août 1876 a appliqué le principe électif dans les communes les moins importantes et les plus nombreuses.

Ainsi, les officiers de l'état civil, d'après le Code de 1804, peuvent, mais ne sont pas tenus d'opérer la transcription qui est réclamée par les parties à la suite de l'échange diplomatique[1]. M. le garde des sceaux se prononçait implicitement dans ce sens lorsqu'il comptait sur la sagesse des maires bien plus que sur la force des dispositions légales. « Il im- « portera surtout, disait-il, de leur rappeler que les communications « stipulées sont réclamées dans un intérêt d'ordre public et adminis- « tratif ; que la transcription des actes de naissance aura notamment « pour effet de mettre en mesure d'appeler au service militaire les nom- « breux jeunes gens nés à l'étranger de parents français. J'ai dès lors « peine à croire, en me plaçant à ce point de vue, que les instructions « ministérielles soient de nature à présenter quelque difficulté dans « leur application et que des officiers de l'état civil français, prétendant « exciper du silence de la loi, hésitent à nous prêter leur concours, « que nous sommes en droit d'attendre de leur dévouement[2]. » Quoi qu'il en soit, je pense qu'il conviendrait, pour supprimer ces hésitations, de mettre la loi française en harmonie avec les clauses des traités récemment conclus.

En résumé, l'échange diplomatique des actes de l'état civil présente de réels avantages pour l'État comme pour les particuliers, car il facilite l'accomplissement de certains services publics et donne la confiance dans les affaires. Pour ce double motif, il faut souhaiter que le gouvernement français, continuant à marcher dans la voie qu'il suit depuis 1875, forme surtout avec les nations les plus voisines de nouveaux arrangements[3]. Toutefois, pour rester dans la vérité, je dois faire remarquer que le système nouveau, malgré toute l'extension qu'il est susceptible de recevoir, présentera toujours une grave imperfection. Il sera, en effet, sans application possible si les naissances, mariages, décès se produisent dans un pays où il n'est pas d'usage de constater

---

1. Une décision du tribunal civil de la Seine, rendue en chambre du conseil, le 17 mars 1876, a donné raison au maire du 9e arrondissement de Paris qui refusait de transcrire l'acte de naissance des enfants Hermann Oppenheim nés à Constantinople.

2. Circulaire du 11 mai 1875.

3. J'apprends, en terminant cette étude, que des négociations sont entamées par le gouvernement français avec plusieurs puissances en vue d'arriver à la conclusion de nouveaux traités. Ces conventions doivent être établies sur les bases que j'ai indiquées dans ce travail.

ces événements par des actes instrumentaires[1]. Il appartient aux partisans de la codification du droit international privé d'amener un progrès nécessaire, en faisant adopter par les diverses nations une loi générale sur la rédaction des actes de l'état civil qui concernent les étrangers.

E. ROUARD DE CARD,
Docteur en droit.

---

1. L'inconvénient existera surtout pour les mariages.

Extrait de la REVUE GÉNÉRALE D'ADMINISTRATION.

Nancy, Imprimerie Berger-Levrault et Cⁱᵉ.

LIBRAIRIE ADMINISTRATIVE DE BERGER-LEVRAULT ET Cie

Vient de paraître :

LES

RÉQUISITIONS MILITAIRES

COMMENTAIRE

DE LA LOI DU 3 JUILLET 1877
ET DU RÈGLEMENT D'ADMINISTRATION PUBLIQUE DU 2 AOUT 1877

Par M. Henri MORGAND

DOCTEUR EN DROIT, RÉDACTEUR AU MINISTÈRE DE L'INTÉRIEUR

Un fort volume in-12. — Prix : **6** fr. — Relié en percaline : **7** fr. **50** c.

LÉGISLATION

SUR

LES LOGEMENTS INSALUBRES

TRAITÉ PRATIQUE

Par Gustave JOURDAN

CHEF DE BUREAU A LA PRÉFECTURE DE LA SEINE

Un volume in-12 de 401 pages. — Prix, broché, 5 fr. ; relié en percaline, 6 fr.

ALMANACH NATIONAL

Annuaire officiel de la République française

POUR 1879-1880

PRÉSENTÉ AU PRÉSIDENT DE LA RÉPUBLIQUE

(181e année)

Un volume in-8° de 1400 pages

Broché	15f00	Relié en basane	17f00
Relié en toile	16 50	— en demi-chagrin.	19 50

LES

CONSEILS GÉNÉRAUX

INTERPRÉTATION DE LA LOI ORGANIQUE DU 10 AOUT 1871

Recueil des Lois, Décrets

Arrêts ou Avis du Conseil d'État, Arrêts de la Cour de Cassation
Instructions et Décisions ministérielles

CLASSÉS PAR ORDRE CHRONOLOGIQUE, AVEC TABLE ALPHABÉTIQUE ET ANALYTIQUE TRÈS-DÉVELOPPÉE

Un fort volume in-12 de 1,200 pages, relié en percaline. — Prix : 15 fr.

Ouvrage recommandé par M. le Ministre de l'Intérieur et honoré d'une souscription.

LIBRAIRIE ADMINISTRATIVE BERGER-LEVRAULT ET Cⁱᵉ

PARIS, 5, RUE DES BEAUX-ARTS. — MÊME MAISON A NANCY

Classification des fonctions administratives. Étude rétrospective, par Charles Farcinet, chef de bureau au ministère de l'intérieur. Brochure in-8°. . . . . **1 fr.**

Les Emprunts municipaux en France et en Angleterre, par M. Louis Puibaraud, rédacteur au ministère de l'intérieur. Brochure in-8°. . . . . **1 fr. 25 c.**

De l'Option des Alsaciens-Lorrains pour la nationalité française, par L. Arnould, chef de division à la préfecture de Meurthe-et-Moselle. Brochure in-8°. . . . **50 c.**

L'Économie politique dans l'enseignement primaire, par Ch. Rabany, rédacteur au ministère de l'intérieur. Brochure in-8°. . . . . **75 c.**

Les Chemins ruraux, par Eugène Guillaume, chef de bureau au ministère de l'intérieur. Brochure in-8°. . . . . **1 fr.**

Les Chemins de fer d'intérêt local sur routes, par M. Ern. Chabrier, ingénieur, ancien élève de l'École centrale. 1872 à 1878. Brochure in-8° de 135 pages . . . . . **3 fr.**

Les Chemins de fer d'intérêt local, par A. Boulan, chef de bureau au ministère de l'intérieur. Brochure in-8° . . . . **1 fr. 25 c.**

Règlements du commerce du bétail dans les marchés d'approvisionnements de Paris, par Léon Biollay. Brochure in-8°. . . . . **1 fr. 25 c.**

Les Services d'épargne populaire. Caisses d'épargne scolaires. Bureaux d'épargne des manufactures et ateliers, par A. de Malarce. Brochure in-8° . . . . **1 fr.**

L'Instruction secondaire en France et en Angleterre, par Charles Rabany, rédacteur au ministère de l'intérieur. Brochure in-8°. . . . . **1 fr.**

Les Théâtres subventionnés, par Georges Monval, archiviste de la Comédie-Française. Brochure in-8° . . . . **1 fr. 25 c.**

La Séparation des pouvoirs et les conflits d'attributions, par H. Pascaud, juge d'instruction. Brochure in-8°. . . . . **1 fr. 50 c.**

L'Octroi. Pourquoi il est conservé, par Maurice Block. Brochure in-8° . . . **1 fr. 50 c.**

La Déduction des dettes et des charges dans l'impôt sur les successions, par Ernest Dubois, professeur d'enregistrement à la Faculté de droit de Nancy. Brochure in-8°. . . . . **1 fr. 50 c.**

Des Mœurs publiques. Réflexions et projets (question des tours) dédiés à mistress Butler, par Mˡˡᵉ Anna Puéjac, sage-femme en chef de la Maternité de Montpellier. Brochure in-8° . . . . **1 fr.**

Étude sur le projet de loi relatif à l'extradition des malfaiteurs. Brochure in-8°. **75 c.**

La Chambre des communes. Origines et transformations de quelques usages parlementaires, par Reginald Palgrave, secrétaire général adjoint de la Chambre des communes. Traduit de l'anglais par Alfred de Foville, chef de bureau au ministère des finances. Brochure in-8°. . . . . **1 fr.**

Lois constitutionnelles et organiques, concernant les pouvoirs publics et l'élection des sénateurs et des députés, par Eugène Hepp, docteur en droit. Textes annotés. Brochure in-8° . . . . **1 fr.**

Les Grands faits économiques et sociaux, par T. Loua, chef du bureau de la *Statistique générale de France*. 2 vol. gr. in-8°, broché. . . . . **8 fr.**

Dictionnaire de l'Administration française, par Maurice Block. 2ᵉ édition 1878. Un volume in-8°. Prix : broché, **30 fr.** Demi-reliure . . . . **34 fr. 50 c.**

    Idem. Supplément I. Novembre 1878 . . . . **2 fr. 50 c.**

    Idem. — II. Novembre 1879. . . . . **2 fr. 50 c.**

Revue générale d'administration, publiée sous les auspices du ministère de l'intérieur, paraissant en 12 livraisons mensuelles, à partir du 20 janvier de chaque année. — 1879, 2ᵉ année. — Chaque livraison comprend 8 feuilles de texte gr. in-8° (128 pages), chaque année forme 3 volumes avec tables et couvertures.

    Prix de l'abonnement : Paris : Un an. . . . . **30 fr.**

    Départements et Union postale : Un an . . . . **33 fr.**

Nancy, imprimerie Berger-Levrault et Cⁱᵉ.

www.ingramcontent.com/pod-product-compliance
Lightning Source LLC
Chambersburg PA
CBHW061624050726
47595CB00007B/3046